¡Cuár...!

Benjamín Rossi
ilustrado por Natalia Colombo

Yo veo dos sapos.
Pi, pu, pa.

Yo veo más sapos.
Pi, pu, pa.

Yo veo dos patos.
Pa, pa, pa, pa, pa.

Yo veo más patos.
Pa, pa, pa, pa, pa.

Yo veo dos pájaros.
Pío, pío, pío.

Yo veo más pájaros.
Pío, pío, pío.

Yo veo a mamá.
Yo veo a papá.